Bibliografische Information der Deutschen Nationalbibliothek:

Die Deutsche Bibliothek verzeichnet diese Publikation in der Deutschen National-
bibliografie; detaillierte bibliografische Daten sind im Internet über http://dnb.d-
nb.de/ abrufbar.

Impressum:

Copyright © 2015 GRIN Verlag, Open Publishing GmbH
Druck und Bindung: Books on Demand GmbH, Norderstedt Germany
ISBN: 9783668481220

Dieses Buch bei GRIN:

http://www.grin.com/de/e-book/370050/fitnessoekonomie-planung-fuer-einen-
wirbelsaeulengymnastikkurs

Paul Krieger

Fitnessökonomie. Planung für einen Wirbelsäulengymnastikkurs

GRIN Verlag

GRIN - Your knowledge has value

Der GRIN Verlag publiziert seit 1998 wissenschaftliche Arbeiten von Studenten, Hochschullehrern und anderen Akademikern als eBook und gedrucktes Buch. Die Verlagswebsite www.grin.com ist die ideale Plattform zur Veröffentlichung von Hausarbeiten, Abschlussarbeiten, wissenschaftlichen Aufsätzen, Dissertationen und Fachbüchern.

Besuchen Sie uns im Internet:

http://www.grin.com/

http://www.facebook.com/grincom

http://www.twitter.com/grin_com

Deutsche Hochschule für

Prävention und Gesundheitsmanagement

Hermann Neuberger Sportschule 3

66123 Saarbrücken

Einsendeaufgabe

Fachmodul: Gruppentraining I

Studiengang: Fitnessökonomie

Datum
Präsenzphase: 30.11 – 03.12.2015

Studienort: **Berlin**

Semester: **1. Semester**

Inhaltsverzeichnis

1 Optimaler Verlauf einer Kurseinheit

Der optimale Phasenverlauf einer Kurseinheit besteht aus einer Drei-Phaseneinteilung, welche genauer in Tabelle 1 erläutert wird.

Tab. 1: Phasenaufbau einer optimalen Kurseinheit und ihre Ziele (nach Reiß & Eifler, 2014, S. 62- 65)

Phase	Teile der Phase	Ziele der Phase
Einleitung	Begrüßung	• Begrüßung der Teilnehmer • Vorstellung des Gruppentrainers • Nennung der Stundenzielsetzung • Nennung von allgemeinen Technik-, Trainings-, und Sicherheitshinweisen • Einweisung möglicher Neukunden • Verbreitung von Motivation
	Allgemeine Erwärmung	• Herstellung des Übergangs vom Alltag zum Training (mentale Einstimmung) • Erhöhung der psychovegetativen Leistungsbereitschaft • Vorbereitung des Herz-Kreislauf-System auf die nachfolgende Belastung • Verbesserung der Blutzirkulation und der resultierenden Sauerstoffversorgung • Erhöhung der Körpertemperatur durch aktives Aufwärmen auf 38,5-39°C • Produktion von Gelenkflüssigkeit wird durch die Anregung des Stoffwechsels erhöht und damit die Verletzungsgefahr gemindert
	Spezielle Erwärmung	• verstärkte Vorbereitung der im Hauptteil geforderten Muskelgruppen • Vorbereitung der im Hauptteil geplanten Bewegungsabläufe • Gewöhnung an das im Hauptteil verwendete Trainingsgerät
Hauptteil	Ausdauerorientiert	• Verbesserung der Ausdauerleistung • Erhöhung des Kalorienverbrauchs • Gewichtsreduktion
	Kraftorientiert	• Verbesserung der Kraftaus-

	Gesundheitsorientiert	dauer
		• Erhöhung des Kalorienver-
		  brauchs
		• Verbesserung der Haltung
		• Figurformung
		Beispiele sind:
		• Verbesserung der Haltung
		• Verbesserung der Entspan-
		  nungsfähigkeit
		• Verbesserung der Beweg-
		  lichkeit

Schlussteil	Cool Down I	• Herz-Kreislauf-Tätigkeit in
		  den Ausgangszustand zu-
		  rückzubringen
		• Puls senken (<120 Schläge
		  pro Minute)
		• Körpertemperatur senken

	Cool Down II	• Muskulatur lockern, dehnen
		  und entspannen
		• Teilnehmer mental beruhi-
		  gen

	Verabschiedung	• Verabschiedung der Teil-
		  nehmer
		• Feedback zum Stundenver-
		  lauf geben
		• Anregung der Teilnehmer
		  entgegennehmen
		• Hinweisung auf eventuelle
		  Aktivitäten des Studios

2 Besuch einer Kurseinheit

2.1 Phasenverlauf des besuchten Kurses

Ich besuchte am Sonntag den 13.12.2015 um 13:00 Uhr den Kurs „Yogilatix" in dem Fitnessstudio FitX am Kaiser-Wilhelm-Platz. Dieser Kurs war eine Mischform aus Yoga und Pilates. Nachdem eine nette Begrüßung ausgesprochen wurde, durchliefen wir, wie in Tabelle 2 gezeigt, folgende Phasen:

Tab. 2: Phasenverlauf des besuchten Kurses „Yogilatix"

Phase	Übungsbeispiel/Schritt
Allgemeine Erwärmung	Sonnengruß
Spezielle Erwärmung	Der Baum
Hauptteil	Trockenschwimmen
Cool Down II	Progressive Muskelrelaxation

Nach der letzten Übung verabschiedete sich der Trainer von uns und bat uns die Matten wieder wegzuräumen. Am Ende des Kurses nahm sich der Trainer noch ein wenig Zeit für Rückfragen.

Der Trainer hat sich an den optimalen Phasenverlauf gehalten. Die einzige Phase die nicht durchlaufen wurde, war das Cool Down I, denn diese Phase existiert nur bei den ausdauerorientierten Kursen.

2.2 Sportmotorische Fähigkeiten im besuchten Kurs

Die hauptsächlich angesprochenen sportmotorischen Fähigkeiten im Hauptteil vom „Yogilatix" sind die Kraft und die Beweglichkeit. Die „Kraftfähigkeit ist die konditionelle Basis für Muskelleistungen mit Krafteinsätzen, deren Werte über 30 Prozent der jeweils individuell realisierbaren Maxima liegen" (Martin, Carl & Lehnertz, 1993, S.102). Passende Übungen für diese Definition waren das Trockenschwimmen, der Unterarmstütz und die Hundreds, welche jeweils die Rückenmuskulatur bzw. die Bauchmuskulatur angesprochen und gekräftigt haben. Gegenüber der Kraft ist die „Beweglichkeit [...] die Fähigkeit, Bewegungen willkürlich und gezielt mit der erforderlichen bzw. optimalen Schwingungsweite der beteiligten Gelenke ausführen zu können" (Martin et al., 1993, S 214). Die Übungen dafür waren in dem Hauptteil des Kurses das gestreckte Dreieck und der Krieger 1, welche z. B. eine optimale Schwingungsweite des Hüft-, Knie-, und Schultergelenks beansprucht und trainiert.

2.3 Betrachtung des Kursleiterverhaltens

Ein Gruppentrainer muss verschiedene Rollen einnehmen. Diese Rollen sind der Lehrer, der Dienstleister, das Vorbild und der Animateur. Der Kursleiter in dem besuchten Kurs zeigte alle vier Rollen. Er konnte als Lehrer die Übungen begründen, erklären und vormachen, als Dienstleister hingegen neue Teilnehmer integrieren. Die Rolle als Vorbild und Animateur erkannte man unter anderem an seiner guten Haltung, seiner körperlichen Fitness und daran, dass er gute Laune und den Spaß am gemeinsamen trainieren verbreiten konnte.

Tab. 3: Funktionen des Gruppentrainers

Funktion des Gruppentrainers	Aufgaben
Vorbild	• Sich in einer guten Haltung präsentieren • Ein gepflegtes Äußeres vorweisen • Für seine körperliche Fitness sorgen
Dienstleister	• Gute äußere Bedingungen schaffen (technisch, räumlich, klimatisch) • Neue Teilnehmer integrieren • Als Ansprechpartner für die Kursteilnehmer vor und nach dem Kurs fungieren
Animateur	• Spaß am gemeinsamen Trainieren und gute Laune verbreiten • ständig präsent sein • mit auftretenden äußeren Problemen und Kritik von Seiten der Teilnehmer flexibel und professionell umgehen
Lehrer	• Kurs sorgfältig vorbereiten • Ziele klar definieren und Inhalte auf Zielgruppen abstimmen • Übungen begründen, erklären, vormachen und korrigieren

3 Externe Bedingungen einer Kurseinheit

Auswirkungen der Rahmenbedingungen auf eine Kursstunde:

Die Überprüfung der Rahmenbedingungen entscheidet über Erfolg oder Misserfolg einer Kursstunde. Zu den Rahmenbedingungen zählen z. B. die Ausstattung und die Räumlichkeiten. Bei der Räumlichkeit ist zu beachten, dass die Raumgröße und Raumform in Hinblick auf die Teilnehmerzahl und den Kursinhalt überprüft wird. Ein Negativbeispiel wären 30 Teilnehmer in einem Raum von 30 qm bei einer Wirbelsäulengymnastik (Reiß & Eifler, 2014, S. 66). Die Ausstattung muss ebenso wie die Räumlichkeit überprüft werden. „Wird zum Beispiel eine BBP-Kurseinheit unter Einbeziehung von Matten, Thera-Bändern® und Kurzhanteln geplant, ohne vorher überprüft zu haben, ob diese Kleingeräte in der notwendigen Anzahl vorhanden sind, kann es zu Problemen in der Kurseinheit kommen, und der Kursleiter muss sehr flexibel reagieren." (Reiß & Eifler, 2014, S. 66)

Auswirkungen der Zielgruppe auf eine Kursstunde:
Die Gruppengröße und das Leistungslevel haben große Auswirkungen auf die Kursstunde. Die maximale Gruppengröße muss der Räumlichkeit und der Ausstattung angepasst werden. Zusätzlich muss die Gruppengröße immer mit dem Kursinhalt korrespondieren. Ist die Gruppe zu groß und man hat z. B. einen gesundheitsorientierten Kurs in dem viel korrigiert werden muss, kann es sein, dass man dem Ziel einer Stunde nicht mehr gerecht wird. (Reiß & Eifler, 2014, S. 66) Um effektiv und zielgerecht mit den Teilnehmern in einer Kurseinheit arbeiten zu können, muss jede Kurseinheit - egal welches Thema - für ein bestimmtes Leistungslevel ausgelegt werden. Zum Beispiel würde sich ein Einsteiger von zu schweren Stunden abgeschreckt fühlen und ein Fortgeschrittener würde sich langweilen, wenn sich Kursinhalte immer ohne erkennbare Steigerung wiederholen. (Reiß & Eifler, 2014, S. 67)

Auswirkungen der Zielsetzung auf eine Kursstunde:
Die Zielsetzung ist eines der wichtigsten Kriterien für die Planung einer Kursstunde, da sich an dieser die Übungsauswahl und die Gestaltung des Hauptteils orientiert. Man unterscheidet in der Zielsetzung in langfristige bzw. allgemeine und kurzfristige bzw. spezielle Ziele. Beide Arten der „Ziele müssen unbedingt der Zielgruppe angepasst werden. Umgekehrt müssen für Kurse mit bestehenden Zielen die Zielgruppe klar kommuniziert werden. Es ist zum Beispiel wenig sinnvoll, reine Anfänger im Aerobic-Kurs mit hochkomplexen Choreografien zu überfordern. Andersherum werden sich fortgeschrittene Teilnehmer in einem ausgeschriebenen Einsteigerkurs unterfordert fühlen." (Reiß & Eifler, 2014, S. 67)

4 Planung einer Wirbelsäulengymnastik

4.1 Zielgruppe

Tab. 4: Zielgruppe der geplanten Wirbelsäulengymnastik

Gruppengröße	10 Teilnehmer
Geschlecht	Heterogen
Alter	20 – 50 Jahren
Leistungslevel	Einsteiger

4.2 Ziele der Wirbelsäulengymnastik

Die Ziele einer Wirbelsäulengymnastik sind nach Buskies und Demski (2003, S.128):

- Prävention (Vorbeugen z.b. von Rückenbeschwerden, Haltungs-schwächen, Bandscheibenschäden und sonstigen Erkrankungen des Bewegungs- und Stützapparats aufgrund von Bewegungs-mangel)
- Verbesserung der Körperwahrnehmung
- Ausgleich von muskulären Dysbalancen
- Steigerung der psychischen und physischen Entspannungsfähig-keit

Das spezielle Ziel der geplanten Wirbelsäulengymnastik wird das Erlernen der rücken- und gelenkfreundlichen Veränderung der Körperposition sein.

4.3 Material

Die Teilnehmer brauchen lediglich eine Gymnastikmatte, ein Handtuch und ihre Trinkflasche.

4.4 Stundenplanung

Tab. 5: Einleitung und Allgemeine Erwärmung der Wirbelsäulengymnastik

Phase: Einleitung (1 Minute/ohne Musik)

Begrüßung der Teilnehmer mit der Nennung der Stundenzielsetzungen (Erlernen der rücken- und gelenkfreundlichen Veränderung der Körperposition + Kräftigung der Rumpfstabilisierenden Muskulatur) und allgemeinen Technik-, Trainings und Sicherheitshinweisen; Motivation

Phase: Allgemeine Erwärmung (4 Minuten/Musik 120 bpm)

Aufstellungsform: Blockaufstellung

Methode: Lineare Progression

Ziel der Übung	Übungsbezeichnung/ Name der Übung	Übungsbeschreibung	Belastungsgefüge	Bemerkungen/Hinweise
Vorbereitung des Herz-Kreislauf-Systems, Mobilisation der Großen Gelenke, Anregung Nervenleitgeschwindigkeit, mentale Einstellung auf die Stunde	Arm Circle	Im Stand beide Arme gleichzeitig über die Seite hoch (4 ZZ) und tief führen (4 ZZ)	64 ZZ	Langsame, große Bewegungen, dabei ein- und ausatmen, ellung der Füße mindestens hüftbreit mit leichter Auswärtsrotation, symmetrische Gleichgewichtsverteilung auf beiden Füßen, Nacken „lang", Blick gerade aus
	March re./li.	Oberkörper aufgerichtet; Schultern tief und locker; arme leicht unter Spannung; Knie bis maximal 90° anziehen; Füße von den Fersen bis zu den Ballen abrollen; ein Fuß ist immer am Boden	64 ZZ	LP: Schritt wird eingeführt

March re./li. + **Overhead** **Press**	March + beide Arme von Kopfhöhe bis über Kopfhöhe drücken (4 ZZ) und wieder zurück auf Kopfhöhe (4 ZZ) ziehen	64 ZZ	LP: Schritt bleibt, Arme kommen dazu
Side to Side + Overhead Press	Oberkörper und Becken bleiben stabil; Kniegelenk des Stand- beins bleibt leicht gebeugt, Füße von den Fersen bis zu den Ballen komplett ab- rollen; Ferse des Standbei- nes bleibt auf den Boden + Overhead Press	64 ZZ	LP: Armbewe- gung bleibt, Schritt ändert sich
Side to side + **Butterfly**	Side to Side + Beide Arme warden vor den Körper zusammenge- zogen und wieder nach hinten gezo- gen	64 ZZ	LP: Schritt bleibt, Arme kommen dazu
Leg Curl + Butterfly	Grundstellung; Ferse des Spielbeins wird zum Ge- säß angezo- gen; Knie des Spielbeins zeigt bei der Bewegung Richtung Bo- den + Butterfly	64 ZZ	LP: Armbewe- gung bleibt, Schritt ändert sich
Leg Curl + **Shoulder Lift**	Leg Curl + beide Arme gleichzeitig über die Seite hoch	64 ZZ	LP: Schritt bleibt, Arme kommen dazu

		Knie nur bis auf Hüfthöhe heben; Kniegelenk des Standbeins bleibt leicht gebeugt + Shoulder lift	32 ZZ	LP: Armbewegung bleibt, Schritt ändert sich, nach den 32 ZZ flüssig in die spezielle Erwärmung überleiten, 16 ZZ vorher die Überleitung ansagen
	Knee Lift + Shoulder Lift			

ZZ = Zählzeiten

Tab. 6: Spezielle Erwärmung der Wirbelsäulengymnastik

Phase: Spezielle Erwärmung (4min/Musik 120 bpm)

Ziel der Übung	Übungsbezeichnung/ Name der Übung	Übungsbeschreibung	Belastungsgefüge	Bemerkungen / Hinweise
Verstärkte Vorbereitung der Nackenmuskulatur	Kopf-Rechts-Linksneigung	Ausgangsposition: symmetrische Haltung in Körperlängs- und querachse, neutrale Beckenstellung, Schulterblätter nach hinten und unten, Brustbein bewusst aufgerichtet, Kniegelenke leicht gebeugt und muskulär stabilisiert Endposition: Der Kopf ist nach rechts bzw. nach links geneigt, anschließend neigt er sich zur anderen Seite (8 ZZ pro Seite) Atmung: Bei der Anstrengung ausatmen, bei der Entspannung einatmen	128 ZZ 8 Whg. nach links 8 Whg. nach rechts	Mobilisation der Halswirbelsäule, Stellung der Füße mindestens hüftbreit mit leichter Auswärtsrotation, symmetrische Gleichgewichtsverteilung auf beiden Füßen, Nacken „lang", Blick nach vorn

12

Verstärkte Vorbereitung der Schultermuskulatur	Schulterkreisen vorwärts	Ausgangsposition: symmetrische Haltung in Körperlängs- und querachse, neutrale Beckenstellung, Schulterblätter nach hinten und unten, Brustbein bewusst aufgerichtet, Kniegelenke leicht gebeugt und muskulär stabilisiert, Arme am Körper Endposition: Arme ausstrecken und Schultern langsam vorwärts kreisen (8 ZZ) Atmung: Bei der Anstrengung ausatmen, bei der Entspannung einatmen	64 ZZ 8 Whg.	Mobilisation der Schultergelenke, langsame kontrollierte Bewegung, ohne Schwung, Stellung der Füße mindestens hüftbreit mit leichter Auswärtsrotation, symmetrische Gleichgewichtsverteilung auf beiden Füßen, Nacken „lang", Blick nach vorn
Verstärkte Vorbereitung der Schultermuskulatur	Schulterkreisen rückwärts	Ausgangsposition: symmetrische Haltung in Körperlängs- und querachse, neutrale Beckenstellung, Schulterblätter nach hinten und unten, Brustbein bewusst aufgerichtet, Kniegelenke leicht gebeugt und muskulär stabilisiert, Arme am Körper Endposition:	64 ZZ 8 Whg.	Mobilisation der Schultergelenke, langsame kontrollierte Bewegung, ohne Schwung, Stellung der Füße mindestens hüftbreit mit leichter Auswärtsrotation, symmetrische Gleichgewichtsverteilung auf beiden Füßen, Nacken „lang", Blick nach vorn

		Arme ausstrecken und langsam Schultern rückwärts kreisen (8 ZZ) Atmung: Bei der Anstrengung ausatmen, bei der Entspannung einatmen		
Verstärkte Vorbereitung der Wirbelsäulenmuskulatur	Oberkörper abrollen	Ausgangsposition: symmetrische Haltung in Körperlängs- und querachse, neutrale Beckenstellung, Schulterblätter nach hinten und unten, Brustbein bewusst aufgerichtet, Kniegelenke leicht gebeugt und muskulär stabilisiert, Arme am Körper Endposition: Oberköper ist mit langem rücken nach vorne gebeugt, anschließend vorne einrollen und wieder nach oben aufrollen (16 ZZ) Atmung: Bei der Anstrengung ausatmen, bei der Entspannung einatmen	128 ZZ 8 Whg.	Mobilisation der Wirbelsäule, Stellung der Füße mindestens hüftbreit mit leichter Auswärtsrotation, symmetrische Gleichgewichtsverteilung auf beiden Füßen, Nacken „lang"
Verstärkte Vorbereitung der Beckenmuskulatur	Beckenkippen	Ausgangsposition: symmetrische Haltung in Körperlängs- und querach-	64 ZZ 8 Whg.	Mobilisation der Lendenwirbelsäule, Stellung der Füße mindestens hüftbreit mit leichter Auswärtsrota-

		se, neutrale Beckenstellung, Schulterblätter nach hinten und unten, Brustbein bewusst aufgerichtet, Kniegelenke leicht gebeugt und muskulär stabilisiert, Hände seitlich am Kopf Endposition: Becken langsam nach vorne (4 ZZ) und anschließend nach hinten (4 ZZ) kippen Atmung: Bei der Anstrengung ausatmen, bei der Entspannung einatmen		tion, symmetrische Gleichgewichtsverteilung auf beiden Füßen, Nacken „lang", Blick nach vorn
Übergang zum Hauptteil			32 ZZ	Teilnehmer haben die Möglichkeit kurz etwas aus ihrer Trinkflasche zu trinken und sich auf den Hauptteil vorzubereiten

Whg. = Wiederholung

Tab. 7: Hauptteil der Wirbelsäulengymnastik

Phase: Hauptteil (27min/Musik 120 bpm)
Schwerpunkt: Kräftigung der Rumpfstabilisierenden Muskulatur

Ziel der Übung	Übungsbe-zeichnung/ Name der Übung	Übungsbe-schreibung	Belastungs-gefüge	Bemerkungen / Hinweise
			32 Sekunden	Kursleiter macht die Übung Rudern mit Handtuch vor
Kräftigung der oberen Rückenmus-kulatur	Rudern mit Handtuch	Anfangspositi-on: symmetrische Haltung in Körperlängs- und querachse, neutrale Be-ckenstellung, Schulterblätter nach hinten und unten, Brustbein be-wusst aufge-richtet, Kniege-lenke leicht gebeugt und muskulär stabi-lisiert, beide Hände mit dem Handtuch an beiden Enden nach Vorne ausstrecken Endposition: Das Handtuch wird Richtung Burstkorb her-angezogen Atmung: Bei der An-strengung aus-atmen, bei der Entspannung einatmen	Dynamisch TUT (2/0/2) Satz 1 á 10 Whg. SP: 32 Se-kunden Satz 2 á 10 Whg. SP: 32 Se-kunden Satz 3 á 10 Whg.	Einbezug des Handtuchs, Stel-lung der Füße mindestens hüft-breit mit leichter Auswärtsrotation, symmetrische Gleichgewichts-verteilung auf bei-den Füßen, Na-cken „lang", Blick gerade aus
			32 Sekunden	Teilnehmer haben die Möglichkeit kurz etwas aus ihrer Trinkflasche zu trinken, Kurslei-ter macht die Übung Good Mornings vor

Kräftigung der unteren Rückenmuskulatur, des großen Gesäßmuskels und der ischiocruralen Muskulatur	Good Mornings mit eigenem Körpergewicht	Anfangspositi-on: symmetrische Haltung in Körperlängs- und querachse, neutrale Be-ckenstellung, Schulterblätter nach hinten und unten, Brustbein bewusst aufge-richtet, Kniege-lenke leicht ge-beugt und mus-kulär stabilisiert, beide Arme bleiben am Kör-per Endposition: Der Oberkörper wird nach vorne gebeugt bis Beine und Oberkörper zum Boden einen 120° Winkel bilden, an-schließend wird der Oberkörper wieder nach oben gehoben Atmung: Bei der An-strengung aus-atmen, bei der Entspannung einatmen	Dyna-misch TUT (2/0/2) Satz 1 á 10 Whg. SP: 32 Sekun-den Satz 2 á 10 Whg. SP: 32 Sekun-den Satz 3 á 10 Whg.	Das Handtuch kann wieder beiseite ge-legt werden; Ober-körper stabilisieren, Stellung der Füße mindestens hüftbreit mit leichter Aus-wärtsrotation, sym-metrische Gleich-gewichtsverteilung auf beiden Füßen, Nacken „lang", Blick gerade aus
			40 Se-kunden	Teilnehmer haben die Möglichkeit kurz etwas aus ihrer Trinkflasche zu trin-ken, Kursleiter macht die Übung Rumpfseitheben vor und gibt eine Varia-tion Für Teilnehmer denen die Übung zu leicht ist: Arme die ganze Zeit nach oben ausstre-cken für einen grö-ßeren Lastarm, Teilnehmer haben die Möglichkeit kurz

				etwas aus ihrer Trinkflasche zu trinken
Kräftigung der seitlichen Bauchmuskulatur	Rumpfseitbeugen	Anfangsposition: symmetrische Haltung in Körperlängs- und querachse, neutrale Beckenstellung, Schulterblätter nach hinten und unten, Brustbein bewusst aufgerichtet, Kniegelenke leicht gebeugt und muskulär stabilisiert, beide Arme bleiben am Körper Endposition: Oberkörper nach rechts bzw links neigen und anschließend wieder in die Ausgangslage zurückkehren Atmung: Bei der Anstrengung ausatmen, bei der Entspannung einatmen	Dynamisch TUT (2/0/2) Satz 1 linke Seite á 10 Whg. Satz 1 rechte Seite á 10 Whg Satz 2 linke Seite á 10 Whg. Satz 2 rechte Seite á 10 Whg Satz 3 linke Seite á 10 Whg. Satz 3 rechte Seite á 10 Whg, ohne SP	Hüfte stabilisieren, Stellung der Füße mindestens hüftbreit mit leichter Auswärtsrotation, symmetrische Gleichgewichtsverteilung auf beiden Füßen, Nacken „lang", Blick gerade aus
			40 Sekunden	Teilnehmer haben die Möglichkeit kurz etwas aus ihrer Trinkflasche zu trinken, Kursleiter macht die Übung Vierfüßlerstand mit Diagonale und Zusammenführen von Armen und Beinen vor und gibt Anweisungen zur Körperverlagerung an: Körperverlagerung aus dem Stand in den Vierfüßlerstand durch das Tiefgehen über eine große Schrittstellung, Kni-

18

				en, nach vorne lehnen und mit den Händen abstützen
Kräftigung der Rücken und Gesäßmuskulatur, Koordination	Vierfüßlerstand mit Diagonale und Zusammenführen von Armen und Beinen	Ausgangsposition: fixierte Schultergelenke, Handposition (flache Hände) am Boden im senkrechten Lot der Schultergelenke, neutrale Beckenstellung, Knieposition am Boden im senkrechten Lot der Hüftgelenke, linker Arm und rechtes Bein werden ausgestreckt bis sie eine gerade Linie bilden Endposition: Der Ellenbogen vom linken Arm und das Knie vom rechten Bein werden unter dem Körper zusammengeführt, Anschließend kehren der linke Arm und das rechte Bein wieder in die gerade ausgestreckte Linie zurück Atmung: Bei der Anstrengung (Zusammenziehen des Arms und des entgegengesetzem Beins) ausatmen, bei der Entspannung (das Zurückführen in die gerade Linie) einatmen	Dynamisch TUT (2/0/2) Satz 1 á 10 Whg. SP: 32 Sekunden Satz 2 á 10 Whg. SP: 32 Sekunden Satz 3 á 10 Whg.	Einbezug der Gymnastikmatte (ab jetzt wird jede Übung auf der Gymnastikmatte vollzogen), Oberkörper stabilisieren, Nacken „lang", Blick Richtung Boden

| | | | | 40 Sekunden | Teilnehmer haben die Möglichkeit kurz etwas aus ihrer Trinkflasche zu trinken, Kursleiter macht die Übung Liegestütze vor und gibt die Anweisung zur Körperverlagerung an: Körperverlagerung von dem Vierfüßlerstand in den Liegestütz durch das Austrecken und Anheben der Beine. Kursleiter gibt eine Variation für Teilnehmer denen die Übung zu schwer ist: Bleiben im Vierfüßlerstand, verlagern ihr Körpergewicht nach vorne und machen die aufgeknieten Liegestütze |
| Kräftigung der Brustmuskulatur | Liegestütze | Ausgangsposition: Blick zum Boden gerichtet, fixierte Schultergelenke, Handposition (flache Hände) am Boden im senkrechten Lot der Schultergelenke, neutrale Beckenstellung, Beine hüftbreit ausgestreckt und angehoben Endposition: Die Ellenbogen werden gebeugt und der Oberkörper sinkt langsam Richtung Boden, anschließend wieder in die Ausgangsposi- | Dynamisch TUT (2/0/2) Satz 1 á 10 Whg. SP: 32 Sekunden Satz 2 á 10 Whg. SP: 32 Sekunden Satz 3 á 10 Whg. | Abstand zwischen Boden und Brust eine Faust, Oberkörper stabilisieren, Nacken „lang", Blick Richtung Boden |

		tion zurückkehren		
		Atmung: Bei der Anstrengung ausatmen, bei der Entspannung einatmen		
			40 Sekunden	Teilnehmer haben die Möglichkeit kurz etwas aus ihrer Trinkflasche zu trinken, Kursleiter macht die Übung Trockenschwimmen vor und gibt Anweisung zur Körperverlagerung an: Körperverlagerung von dem Liegestütz in die Bauchlage durch das absenken des Körpers, optional kann der Hüftbereich hier mit dem Handtuch unterlagert werden
Kräftigung der unteren und oberen Rücken- und Gesäßmuskulatur, Koordination	Trockenschwimmen	Ausgangsposition: Aufgestellte Fußspitzen und gestreckte Kniegelenke, angespannte Bauch- und Gesäßmuskulatur, Arme und Beine werden ausgestreckt und angehoben Endposition: Arme werden zum Körper wie bei einer Schwimmbewegung herangezogen, anschließend kehren die Arme in die Ausgangsposition zurück Atmung: Bei der An-	Dynamisch TUT (2/0/2) Satz 1 á 10 Whg. SP: 32 Sekunden Satz 2 á 10 Whg. SP: 32 Sekunden Satz 3 á 10 Whg..	Oberkörper stabilisieren; Nacken „lang", Blick Richtung Boden

		strengung ausatmen, bei der Entspannung einatmen		
			40 Sekunden	Teilnehmer haben die Möglichkeit kurz etwas aus ihrer Trinkflasche zu trinken, Kursleiter macht die Übung Crunches gerade vor und gibt Anweisung zur Körperverlagerung an: Körperverlagerung von der Bauchlage in die Rückenlage durch umdrehen auf den Rücken
Kräftigung der Bauchmuskulatur	Crunches gerade	Ausgangsposition: Neutrale Beckenstellung, lockere Schultern bei aufgerichtetem Brustkorb, neutrale Halswirbelsäule mit „langem Nacken", Beine werden mit etwa 90° angewinkelt, Arme werden auf der Brust verschränkt Endposition: Der Oberkörper wird leicht aufgerichtet, Schulterblätter haben keinen Kontakt mehr zum Boden, anschließend den Oberkörper wieder absenken Atmung: Bei der Anstrengung ausatmen, bei der Entspannung einatmen	Dynamisch TUT (2/0/2) Satz 1 á 10 Whg. SP: 32 Sekunden Satz 2 á 10 Whg. SP: 32 Sekunden Satz 3 á 10 Whg.	Abstand zwischen Kinn und Brust eine Faust

22

Übergang zum Schlussteil				12 Sekunden	Teilnehmer haben die Möglichkeit kurz etwas aus ihrer Trinkflasche zu trinken, Kursleiter leitet den Hauptteil in den Schlussteil ein

TUT = „time under tention" (Spannungsdauer)

SP = Satzpause

Tab. 8: Cool Down II und Verabschiedung der Wirbelsäulengymnastik

Phase: Cool Down II (8 min/ ohne Beat)

Ziele: Erhaltung der Beweglichkeit, Einleitung der Regeneration, Steigerung des Wohlbefindens, runder und ruhiger Ausklang der Stunde

Ziel der Übung	Übungsbezeichnung/ Name der Übung	Übungsbeschreibung	Belastungsgefüge	Bemerkungen / Hinweise
			10 Sekunden	Kursleiter macht die Dehnung der Bauchmuskulatur vor
Dehnung der Bauchmuskulatur	Dehnung der Bauchmuskulatur	Ausgangsposition: Neutrale Beckenstellung, lockere Schultern bei aufgerichtetem Brustkorb, neutrale Halswirbelsäule mit „langem Nacken" Endposition: Arme nach oben, und Fersen nach unten schieben und dabei tief in den Bauch atmen, ausatmen beim zurückkehren in die Ausgangsposition	Aktiv dynamisch 20 Sekunden halten 5 Sekunden Pause 20 Sekunden halten	Teilnehmer bleiben in der Rückenlage, Schultern und Nacken bleiben entspannt
			10 Sekunden	Kursleiter macht die Dehnung der schrägen Bauchmuskulatur vor
Dehnung der schrägen Bauchmuskulatur	Dehnung der schrägen Bauchmuskulatur	Ausgangsposition: Neutrale Beckenstellung, lockere Schultern bei aufgerichtetem Brustkorb, neutrale Halswirbelsäule mit „langem Nacken", beide Arme im 90° Winkel vom Körper weggstrecken, Beine im 90° Winkel in Hüft und Kniegelenk anheben Endposition	Passiv Statisch 10 Sekunden links 10 Sekunde rechts 5 Sekunden Pause 10 Sekunden links 10 Sekunde rechts	Schulterblätter bleiben stets auf dem Boden

23

		Angewinkelten Beine seitlich ablegen Atmung: Gleichmäßige Atmung, jeder in seinem Tempo, beim zurückkehren in die Ausgangsposition ausatmen		
			10 Sekunden	Kursleiter macht die Dehnung des Rückenstreckers vor und gibt Anweisung zur Körperverlagerung an: Körperverlagerung von der Rückenlage in den Kniestand durch umdrehen auf die Seitenlage, seitliches auflegen, seitliches aufsetzen in den Kniestand;
Dehnung des Rückenstreckers	„Katzenbuckel"	Kniestand, Hände schulterbreit; Rücken rund nach oben schieben und Kopf nach unten hängen lassen Atmung: Gleichmäßige Atmung, jeder in seinem Tempo, beim zurückkehren in die Ausgangsposition ausatmen	Passiv statisch 20 Sekunden halten 5 Sekunden Pause 20 Sekunden halten	Ellenbogen leicht gebeugt
			10 Sekunden	Kursleiter macht die Dehnung der Brustmuskulatur vor und gibt Anweisung zur Körperverlagerung an: Körperverlagerung von dem Kniestand in den Stand durch eine große Schrittstellung,
Dehnung der Brustmuskulatur	Dehnung der Brustmuskulatur	Anfangsposition: symmetrische Haltung in Körperlängs- und querachse, neutrale Beckenstellung, Schulterblätter nach hinten und unten, Brustbein bewusst aufgerichtet, Kniegelenke leicht gebeugt und muskulär stabilisiert, Arme in der U-Haltung Endposition: Arme zur Seite führen und Arme in der Außenrotation nach hinten	Aktiv statisch 20 Sekunden halten 5 Sekunden Pause 20 Sekunden halten	Stellung der Füße mindestens hüftbreit mit leichter Auswärtsrotation, symmetrische Gleichgewichtsverteilung auf beiden Füßen, Nacken „lang", Blick nach vorn, Bauchnabel leicht zur Wirbelsäule ziehen, um ein zu starkes Hohlkreuz zu vermeiden

		ziehen		
		Atmung: Gleichmäßige Atmung, jeder in seinem Tempo, beim zurückkehren in die Ausgangsposition ausatmen		
			10 Sekunden	Kursleiter macht die Dehnung der oberen Rückenmuskulatur vor
Dehnung der oberen Rückenmuskulatur	Dehnung der oberen Rückenmuskulatur	Anfangsposition: symmetrische Haltung in Körperlängs- und querachse, neutrale Beckenstellung, Schulterblätter nach hinten und unten, Brustbein bewusst aufgerichtet, Kniegelenke leicht gebeugt und muskulär stabilisiert, Arme in nach vorne ausstrecken und Finger ineinander greifen Endposition Arme nach vorne schieben, dabei den oberen Rücken kräftig nach hinten strecken	Aktiv Statisch 20 Sekunden halten 5 Sekunden Pause 20 Sekunden halten	Stellung der Füße mindestens hüftbreit mit leichter Auswärtsrotation, symmetrische Gleichgewichtsverteilung auf beiden Füßen, Nacken „lang", Blick nach vorn
		Atmung: Gleichmäßige Atmung, jeder in seinem Tempo, beim zurückkehren in die Ausgangsposition ausatmen		
			10 Sekunden	Kursleiter macht die Dehnung der seitlichen Hals-/Nackenmuskulatur vor
Dehnung der Seitlichen Hals-/Nackenmuskulatur	Dehnung der seitlichen Hals-/Nackenmuskulatur	Ausgangsposition: symmetrische Haltung in Körperlängs- und querachse, neutrale Beckenstellung, Schulterblätter nach hinten und unten, Brustbein bewusst aufgerichtet, Kniegelenke leicht gebeugt und muskulär stabilisiert, Arme seitlich am Körper Endposition: Kopf wird zur Seite geneigt, der Arm	Aktiv Statisch 10 Sekunden links 10 Sekunden rechts 5 Sekunden Pause 10 Sekunden links 10 Sekunden rechts	Stellung der Füße mindestens hüftbreit mit leichter Auswärtsrotation, symmetrische Gleichgewichtsverteilung auf beiden Füßen, Nacken „lang", Blick nach vorn

25

		der Gegenseite Richtung Boden gestreckt Atmung: Gleichmäßige Atmung, jeder in seinem Tempo, beim zurückkehren in die Ausgangsposition ausatmen		
			10 Sekunden	Kursleiter gibt Anweisung zur Körperverlagerung an: Körperverlagerung aus dem Stand in den die Rückenlage durch das Tiefgehen über eine große Schrittstellung, Knien, seitliches Absetzen, seitliches Ablegen und Umdrehen auf den Rücken, Ab jetzt leitet der Kursleiter den Kurs nur noch verbal Optional: Teilnehmer können die Augen schließen
Entspannung, Körperwahrnehmung	Progressive Muskelrelaxation der Armmuskulatur	Ausgangsposition: Neutrale Beckenstellung, lockere Schultern bei aufgerichtetem Brustkorb, neutrale Halswirbelsäule mit „langem Nacken", Arme seitlich des Körpers Endposition: Hände werden zu einer Faust geballt Atmung: Gleichmäßige Atmung, jeder in seinem eigenen Tempo	30 Sekunden	Langsam mit wenig Kraftaufwand Optional: Brust oder Bauchatmung, beim einatmen anspannen, beim ausatmen entspannen
Entspannung, Körperwahrnehmung	Progressive Muskelrelaxation der Brustmuskulatur	Ausgangsposition: Neutrale Beckenstellung, lockere Schultern bei aufgerichtetem Brustkorb, neutrale Halswirbelsäule mit „langem Nacken", Arme seitlich des Körpers Endposition: Brustmuskulatur beim einatmen anspannend Atmung: Gleichmäßige Atmung, jeder in	30 Sekunden	Langsam mit wenig Kraftaufwand, Brustatmung, beim einatmen anspannen, beim ausatmen entspannen

26

		seinem eigenen Tempo		
Entspannung, Körperwahrneh-mung	Progressive Mus-kelrelaxation der Bauchmuskulatur	Ausgangsposition: Neutrale Becken-stellung, lockere Schultern bei auf-gerichtetem Brust-korb, neutrale Halswirbelsäule mit „langem Na-cken", Arme seit-lich des Körpers Endposition: Bauchmuskulatur anspannend	30 Sekunden	Langsam mit wenig Kraftaufwand, Bauch-atmung, beim einat-men anspannen, beim ausatmen entspannen
Entspannung, Körperwahrneh-mung	Progressive Mus-kelrelaxation der Gesäßmuskulatur	Atmung: Gleichmäßige Atmung, jeder in seinem eigenen Tempo		
		Ausgangsposition: Neutrale Becken-stellung, lockere Schultern bei auf-gerichtetem Brust-korb, neutrale Halswirbelsäule mit „langem Na-cken", Arme seit-lich des Körpers Endposition: Gesäßmuskulatur anspannen	30 Sekunden	Langsam mit wenig Kraftaufwand Optional: Brust oder Bauchatmung, beim einatmen anspannen, beim ausatmen ent-spannen
Ende der Stunde		Atmung: Gleichmäßige Atmung, jeder in seinem eigenen Tempo		Augen wieder öffnen, zurück in den Alltag finden
			20 Sekunden	Körperverlagerung von der Rückenlage in den Stand durch umdrehen, seitliches auflegen, seitliches aufsetzen, Knien, über eine große Schrittstellung

Phase: Abschluss (1 min/ohne Musik)

Verabschiedung der Teilnehmer mit Dank für die Teilnahme. Der Kursleiter steht für ein Gespräch zur Verfügung und weist auf eventuelle Aktivitäten im Studio hin.

5 Literaturverzeichnis

Buskies, W. & Demski, N. (2003). *Rückenfitness. Grundlagen, Übungen, Spiele.* Wiebelsheim: Limpert.

Martin, D., Carl, K. & Lehnertz, K. (1993). *Handbuch Trainingslehre.* Schorndorf: Hofmann.

Reiß, M. & Eifler, C. (2014). *Studienbrief Gruppentraining I.* Saarbrücken: Deutsche Hochschule für Prävention und Gesundheitsmanagment.

6 Tabellenverzeichnis